Chez les chevaliers

Stella Maidment et Daniela Dogliani
Traduction de Marie-Josée Brière

Bayard
CANADA

Catalogage avant publication de Bibliothèque et Archives nationales du Québec et Bibliothèque et Archives Canada

Maidment, Stella

[Knight puzzles. Français]

Chez les chevaliers : plus de 30 jeux pour t'amuser !, une aventure avec le chevalier Henri !

Traduction de : Knight puzzles.
Pour enfants de 3 ans et plus.

ISBN 978-2-89579-591-9

1. Jeux d'observation – Ouvrages pour la jeunesse. 2. Chevaliers – Ouvrages pour la jeunesse. I. Dogliani, Daniela. II. Titre. III. Titre : Knight puzzles. Français.

GV1507.P47M34714 2014 j793.73 C2014-940125-6

Dépôt légal – Bibliothèque et Archives nationales du Québec, 2014
Bibliothèque et Archives Canada, 2014

Titre original : *Knight Puzzles* de Stella Maidment et Daniela Dogliani (ISBN 978-1-78171-138-5) © 2013 QED Publishing, une division de Quarto Group Company, The Old Brewery, 6 Blundell Street, London N7 9BH.

Conception graphique : Elaine Wilkinson

Direction éditoriale : Maxime P. Bélanger, Gilda Routy
Traduction : Marie-Josée Brière
Mise en pages : Danielle Dugal

Nous reconnaissons l'aide financière du gouvernement du Canada par l'entremise du Fonds du livre du Canada (FLC) pour des activités de développement de notre entreprise.

Cet ouvrage a été publié avec le soutien de la SODEC. Gouvernement du Québec – Programme de crédit d'impôt pour l'édition de livres – Gestion SODEC.

Bayard Canada Livres
4475, rue Frontenac
Montréal (Québec) Canada H2H 2S2
Téléphone : 514 844-2111 ou 1 866 844-2111
edition@bayardcanada.com
bayardlivres.ca

Imprimé en Chine

Bienvenue au Château!

Voici un preux chevalier appelé Henri.

Et voici Destrier, son cheval.

Trouve les réponses à tous les jeux de ce livre pour aider Henri à rapporter le bouclier doré du roi.

Pourras-tu repérer aussi Raffi le faucon? Il est dans toutes les images.

Un matin, le roi fait venir Henri dans la grande salle du château.

Peux-tu aider Henri à se rendre à la grande salle ?

Peux-tu trouver ces objets ?

trois chiens

deux garçons

une paire de pantoufles

« Je veux que tu ailles chercher mon bouclier doré, dit le roi. Je l'ai perdu il y a longtemps dans la Grande Caverne. »

Peux-tu trouver l'épée qui va avec chacun des autres boucliers du roi ?

Henri et Destrier
partent à l'aventure!

Peux-tu trouver les quatre différences entre les deux gardes du château ?

Peux-tu trouver ces objets ?

une famille de canards

un paon

un cheval jouet

Henri rencontre un groupe de chevaliers.

«Ne va pas à la Grande Caverne! lui dit un des chevaliers. Il y a un dangereux dragon qui vit là-bas maintenant.»

Lequel des chevaliers
est différent des autres ?

Peux-tu trouver
ces objets ?

une maison

une chèvre

trois
moutons

Mais Henri aime tous les animaux, même les dragons! Alors, il poursuit sa route.

Quel chemin devrait-il prendre pour arriver à la caverne?

Peux-tu trouver ces objets ?
deux poissons
trois sapins
un bûcheron

En arrivant à la Grande Caverne, Henri cache son épée et son bouclier dans les buissons.

Il ne veut pas faire peur au dragon.

Peux-tu trouver ces objets ?

un renard

deux papillons

trois fleurs bleues

Vois-tu l'épée et
le bouclier d'Henri ?

Quand il aperçoit Henri, le dragon se met à gronder et à cracher du feu. Tous les animaux s'enfuient.

Peux-tu aider chaque bébé lapin à retrouver sa maman?

Peux-tu trouver ces objets?

une souris

une grenouille

une empreinte de dragon

Mais Henri n'a pas peur. « Je ne veux pas me battre avec toi, dit-il au dragon. Regarde, je n'ai même pas d'épée. »

Peux-tu trouver ces objets ?

un oiseau

deux fleurs blanches

deux champignons

Dans la forêt, deux cerfs regardent ce qui se passe. Peux-tu trouver les quatre différences entre les deux ?

Le dragon n'en revient pas.

«Les chevaliers veulent toujours se battre avec moi! dit-il. Jusqu'à ce que je leur fasse peur et qu'ils se sauvent!»

Certains chevaliers se sont sauvés tellement vite qu'ils ont oublié leurs étendards.

Vois-tu les deux étendards pareils ?

Peux-tu trouver ces objets ?

- une toile d'araignée
- un gant de chevalier
- deux hiboux

Henri explique au dragon
que le roi a perdu son bouclier.

« Viens avec moi », dit le dragon.
Henri le suit dans sa caverne.

Peux-tu trouver ces objets ?

deux chauves-souris

deux bagues

trois bougies

Peux-tu aider Henri et le dragon à se rendre jusqu'au bouclier du roi ?

«Allons porter le bouclier ensemble! propose le dragon. Toi à cheval, et moi en volant.»

Peux-tu trouver quatre autres objets qui volent dans le ciel?

Peux-tu trouver ces objets?

trois vaches

un moulin à vent

un cygne

Le roi est très content d'avoir retrouvé son bouclier.
Ce soir-là, il donne un banquet pour deux invités très spéciaux.

Le premier invité est Henri.

Sais-tu qui est le deuxième invité spécial? Et quel est son plat préféré, à ton avis?

Réponses

Pages 4-5

Suis la ligne rouge jusqu'à la grande salle du château.

Pages 6-7

Les épées et les boucliers qui vont ensemble sont reliés par des lignes rouges.

Pages 8-9

Les quatre différences sont encerclées en rouge.

Pages 10-11

Le chevalier encerclé en rouge a une épée et un pantalon rouges, et sa visière est baissée.

Pages 12-13

La ligne rouge mène à la Grande Caverne.

Pages 14-15

L'épée et le bouclier d'Henri sont encerclés en rouge.

Pages 16-17

Les lapins qui vont ensemble sont reliés par des lignes rouges.

Pages 18-19

Les quatre différences sont encerclées en rouge.

Réponses

Pages 20-21

Les deux étendards pareils sont encerclés en rouge.

Pages 22-23

Suis la ligne rouge pour trouver le bouclier doré.

Pages 24-25

Les quatre objets qui volent sont encerclés en rouge. Il y a un cerf-volant, un canard, un oiseau blanc et une montgolfière.

Pages 26-27

Le deuxième invité spécial est le dragon. Et il raffole des fraises!

Tu veux jouer encore?

Une journée de chevalier

Déguise-toi en chevalier pour une journée. Tu peux te fabriquer une tunique avec une vieille taie d'oreiller. Après avoir demandé la permission, découpe des demi-cercles sur les trois côtés cousus, pour passer ta tête et tes bras. Porte ta tunique sur un pantalon et un chandail à manches longues, et mets une ceinture par-dessus. Tu peux même inviter tes amis à une fête de chevaliers!

Ah, mon beau château!

Pour fabriquer un château, prends une grande boîte de carton et colle des tubes de carton sur les coins, pour faire les tours. Demande à un adulte de découper des créneaux dans le haut de la boîte, et d'y percer aussi une porte et des fenêtres très étroites. Si tu as des chevaliers ou des chevaux miniatures, tu peux jouer avec eux dans ton château.

Un bouclier bien à toi

Trace la forme d'un grand bouclier sur du carton et décore-le d'un motif de ton choix, à l'aide de crayons feutre, de crayons de cire ou de peinture. Comme le bouclier des chevaliers représentait souvent ce qu'ils étaient ou l'endroit où ils vivaient, essaie de trouver quelque chose qui a rapport avec toi. Tu peux dessiner tes initiales, ou encore un objet qui se trouve près de chez toi, comme un arbre ou un pont.

Une marionnette de dragon

Sur du carton mince, dessine la tête et la queue d'un dragon vu de côté. Découpe ces deux formes et fixe un crayon à l'arrière de chacune d'elles avec du papier collant. Découpe une longue bande de papier pour former le corps du dragon. Plie-la plusieurs fois en accordéon, et colle une extrémité à la tête du dragon et l'autre à sa queue. Déplace les deux crayons en même temps pour faire avancer ton dragon.